Padre mío, padre tuyo, padre nuestro

MIGUEL TORRÓN

CBH
Books

Editor: F. P. Sanfiel
Managing Editor: Manuel Aleman
Designer: Tina Conti

Published in the United States by CBH Books.
CBH Books is a division of Cambridge BrickHouse, Inc.

Cambridge BrickHouse, Inc.
60 Island Street
Lawrence, MA 01840
U.S.A.

Library of Congress Catalog Number: **2015957626**
ISBN 978-1-59835-461-4

First Edition
Printed in Canada
10 9 8 7 6 5 4 3 2 1

Dedicatoria

Quiero darle las gracias y dedicarle este libro **a mi esposa Mónica y a mis hijos Miguel Enrique** (19), **José Javier** (17), **Adriana** (13) **y Mariana** (9) por ser para mí el mejor regalo de Dios. Él ha querido que estemos juntos en este viaje al que llamamos vida, y entre nosotros podamos llamarnos familia: papá, mamá, hijo, hija, hermano, hermana.

Ellos me han mostrado el amor de Papá Dios como nadie en este mundo; de ese tipo de amor es precisamente del que trata este libro; de poder entender el amor que Dios tiene para cada uno de nosotros. Por eso, Jesús nos enseñó a llamarlo "Padre".

Nada nos falta cuando estamos junto a nuestro Padre, en familia. La seguridad, la confianza, el apoyo, el calor y la ternura, la certeza de saber que no estamos solos ni huérfanos. Papá Dios me lo ha enseñado regalándome en esta vida a mi bella esposa y mis cuatro hermosos hijos, los amo profundamente.

A mi madre, Carmen, por haber sido la chispa que hizo que, desde muy pequeño, aprendiera a conocer, apreciar y disfrutar de la amistad con Dios, a través de Jesús. Y gracias a ella y a mis hermanos José (gemelo mío) y a Loly, pude intuir que ese amor que llega a nosotros sin buscarlo es un preámbulo de lo que Dios, Papá Dios, quiere que vivamos si nos atrevemos a llamarle "Padre". Es allí, en la familia, donde Dios quiere mostrarse a ti y a mí, donde el amor abunda de una manera gratis, sin esfuerzo, de manera agradable, fácil, íntima y espontánea.

Quiero también dedicar este libro **a mi padre Miguel**, quien tuvo para mí todas las cualidades de Papá Dios: amoroso, cercano, bondadoso, fuerte, protector, grande, presente, sabio. Todas las cualidades que un niño puede sentir, intuir y vivir de su padre. Si cierro los ojos, aún siento su abrazo, sus caricias, su olor, su calor, su cariño, su consejo callado a través de una mirada. Sin saberlo tal vez, mi padre fue instrumento para mostrarme la relación que Dios quiere tener conmigo y contigo.

A ellos quiero dedicar este libro, **a mi familia**, porque este libro que hoy les presento trata de eso.

"Dios quiere ser nuestro Padre, nuestra familia".

Padre mío, padre tuyo, padre nuestro

ÍNDICE

PRÓLOGO

Jesús dijo: "Cuando vayan a orar, háganlo de esta manera": Padre nuestro…

Esta oración marca una nueva forma de relacionarnos con Dios, de cómo debemos hablarle y de qué manera debemos de esperar su respuesta, su voluntad, su guía, su protección, su defensa, sus planes para con nosotros y, sobre todo, su amor.

Jesús marca un camino nuevo, una nueva forma de relacionarnos con Dios. En esta oración nos muestra cómo lo inmenso, eterno y divino en sus propias palabras: **"que estás en el cielo"**, **"santificado sea Tu nombre"**; **"Tu reino"**; **"Tu voluntad"**; **"en la tierra como en el cielo"**; se acerca, se mezcla, se relaciona de una nueva manera con nuestra condición humana, **"nuestro pan de cada día"**, **"nuestras ofensas"**, **"nuestras fuerzas para perdonar"**, **"los que nos ofenden"**, **"no nos dejes caer en tentación"**, **"líbranos del mal"**.

Jesús comienza la oración mirando lo eterno y lo divino de Dios, elevando la mirada al cielo, al reino, a la voluntad de Dios y a la inmensidad del cielo y de la tierra, a la creación.

Nos invita a abrir y elevar nuestra alma a Dios, a lo inmenso de su creación, a lo divino y puro de su nombre, a la sabiduría de su voluntad, a salirnos del centro (yo) cuando vamos a orar, a hablar con Dios y simplemente mirarlo, apreciar su grandeza, a reconocer su presencia en todo lo creado.

Al comenzar a orar, lo más importante debe ser relacionarnos con Dios, verlo en todo su esplendor y grandeza, primero Dios y luego todo lo demás.

En esa oración que Jesús nos enseñó, la oración del Padre nuestro, él quiere que pongamos primero a Dios, a su voluntad, su reino, su gracia, su pureza, su inmensidad, su presencia, su paternidad, su fuerza, su amor, su sabiduría, su luz, simplemente a Él, a Dios.

Luego, esta misma oración continúa invitándonos a una relación de dependencia, sí, de dependencia, luego de reconocer a Dios en su plenitud, nos coloca en una posición de hijos, de dependientes y le hablamos con la misma entonación y necesidad que tiene un niño con su papá en donde le expresa cosas como: dame comida, perdóname, mira cómo perdono, mira cómo lo hago, papá, agárrame, no me dejes caer, defiéndeme, ayúdame.

Nos coloca en una posición de confianza mostrando nuestras limitantes frente al inmenso Dios, nuestras carencias frente al eterno, nuestra cercanía frente a nuestro Papá, le mostramos que necesitamos de su ayuda y de su guía para comer, para hacer las cosas que nos cuestan como es: perdonar, amar a quien nos ha hecho daño. Confiamos nuestra vida a Él al colocarnos en una posición de pedir, de necesitar, de dejarnos ayudar, de permitir que nos guíe, de aceptar que necesitamos su sabiduría y protección frente a las cosas cotidianas de este mundo como nuestro día a día, nuestras familias y nuestros proyectos, y también sobre aquello que no vemos y que Él mismo nombró como **"líbranos del mal"**.

El mismo Jesús, en esta oración termina diciéndole al Padre que no nos deje caer en distracciones y tentaciones y, más aún, que nos **"libre"** de los ataques del mal, reconociéndonos dependientes, protegidos, acompañados y defendidos por papá, el inmenso cerca de nosotros.

A través de este libro, he querido examinar frase por frase y palabra por palabra la oración completa del Padre nuestro y mediante esta, ver cómo se relacionan entre sí Dios Padre y Jesús, para tener así un punto de partida de cómo, de ahora en adelante, debemos relacionarnos con Dios en los momentos de oración, meditación, contemplación, recogimiento e intimidad con Él.

Espero que este libro nos ayude a acercarnos más a ese Dios que, como papá, Jesús quiso presentarnos e invitarnos a depender de Él, a amarlo como cualquier niño ama a su padre y confía en él.

CAPÍTULO 1

"Padre"

A lo largo de la historia, a Dios lo hemos llamado de diferentes maneras, tratando de identificar a través de estas cualidades de Él que nos muestren su grandeza. Veamos algunos de estos nombres y sus significados:

Él, Eloah, Elohe: Dios "poderoso, fuerte, prominente"
Elohim: Dios "Creador, todopoderoso, prominente"
El Shaddai: "Dios todopoderoso", "El fuerte de Jacob"
Adonai: "El Señor"
Jehová: "Señor"
Jehova-Sabaoth: "El Señor de los ejércitos"
El Elyon: "El Altísimo"
El Olam: "El Dios eterno"
Javeh: "Yo soy"

El hombre, a través del tiempo, ha tratado de alguna manera de nombrar a Dios, etiquetarlo con nuestra sabiduría y conocimientos limitados, de ahí que existan infinidad de nombres para referirnos a Él buscando identificarlo para poder acercarnos a Él, para sentirlo nuestro. Cada uno trata de mencionar en el nombre las cualidades y capacidades que ve en Dios, por decirlo de alguna manera.

Creo que este intento del hombre de nombrar a Dios ha sido una aventura que, más que triunfar en su intención, solo dio paso a la llegada de Jesús a nuestra historia y a nuestras vidas, Él, recoge todas las cualidades con las que hemos querido nombrar a Dios y las aglutina en una sola palabra, saliéndose totalmente del centro de su relación con Dios y colocándolo a Él en el mismo centro de la relación al llamarlo "**Abba**", expresión aramea con la que el niño identificaba a su papá y que significa "**Oh Padre**" o "**Papá**", "**Papito**", "**Papacito**", "**Papi**".

Jesús se coloca como un niño pequeño, como un bebé entre los brazos de su padre, y es en ese momento que el bebé logra ver, sentir, oler, tocar a su papá hasta sentir los latidos de su corazón. Jesús nos enseña que la relación con Dios debe ser tan conocida, tan cercana, de tanta dependencia, ternura y amor como la que siente aquel bebé en los brazos de su padre cuando va a ser alimentado, arrullado, amado, acariciado, contemplado, protegido y apreciado; tal cual hemos hecho con nuestros hijos, los que somos padres. Esta es tal vez la connotación más bella y amplia que de esta primera palabra "**Padre**", aprendida de Jesús, podemos aprender en la oración del Padre Nuestro.

La posición indefensa, vulnerable y a la vez de admiración, de amor intenso, de plena confianza, de que nada falta, de que ese es nuestro lugar, es en los brazos de papá o mamá. Es ahí, donde debemos de comenzar a orar, estando en los brazos de Dios, en la posición de bebés, de niños pequeños de Dios, donde sobran las palabras; que solo con mirarnos el uno al otro basta, nada falta en ese lugar, en ese espacio, en ese momento. Allí el bebé no piensa nada, no quiere nada más que seguir sintiendo lo que fluye espontaneamente desde su interior: pureza, entusiasmo, gozo, seguridad, alegría, paz, luz, plenitud, confianza, amor...

Al comenzar esta oración del Padre nuestro, Jesús no le da atributos ni cualidades, ni trata de encasillar a Dios con tal o cual virtud, no lo llama Señor, Dios todopoderoso, Señor de los ejércitos, prominente, poderoso, fuerte, eterno, altísimo, etc. Jesús lo llama Padre, Papá, Abba, y al nombrarlo así descubre y revela la nueva relación que debemos comenzar a tener con Dios, cual bebé en brazos de su papá. De nuevo, hago énfasis en que el bebé intuye todas las cualidades que hemos querido etiquetar a Dios para nombrarlo, en ese momento sobran los nombres y las palabras.

¿Qué es realmente un papá para un bebé al momento de sentirse, comunicarse y relacionarse el uno con el otro?

Jesús, a través de estas palabras, quiere mostrarnos una unión más cercana y más íntima con Dios. Esta comunicación nueva nos muestra todas las anteriores cualidades y nombres que hemos utilizado para nombrar a Dios y también todas las otras maravillas que, aun sin nombrarlas, podemos sentir, percibir y gozar al identificar a Dios como nuestro Padre. Jesús muestra lo que siempre ha estado frente a nuestros ojos, la cercanía del Padre con todo lo que existe en el cielo y en la tierra.

"Padre" es precisamente el propósito que tuvo Jesús para toda la humanidad; mostrarnos que Dios es Padre, cercano, amoroso, íntimo, fuerte, compasivo, lento a la ira, protector, sabio, manso, compañero, amigo y guía. En fin, Jesús viene a mostrarnos cómo, en una sola palabra,

"Padre", está el gran misterio de Dios, creador del universo, y todo su propósito para con nosotros. "Padre" es la nueva forma, el nuevo camino, la nueva relación que debemos de tener con el Dios de todos los tiempos; "Padre" es el punto de partida en la relación que hoy debemos de llevar con Dios en el día a día, en nuestra comunicación con Él.

Capítulo 2

"Nuestro"

Jesús, como hombre, nos muestra la universalidad de su Padre, lo plural e inclusivo que es al momento de llamarle "**nuestro**". Él nos incluye, nos invita a ser familia, nos muestra que nosotros también somos sus hijos, todos sin excepción somos hijos del creador, Jesús en ese momento lo llama "**Padre nuestro**", primero lo llama "**Padre**", luego le dice "**nuestro**", no mío, sino "**nuestro**". Jesús toma de la mano a toda la humanidad con todas sus carencias y necesidades, errores y temores y le muestra, le presenta, le entrega la nueva identidad de hijos, de familia, de ser parte y herederos del mismo Padre con él, con el mismo Jesús.

Jesús nos incluye como la parte más cercana de toda la maravillosa creación y nos acerca con esta palabra "**nuestro**" como, apartándonos de toda la creación y queriéndonos decir lo cercano e importante que somos para Dios. ¡Criatura, sí! Pero criatura cercana, criatura familia, criatura de la misma sangre, de la misma alma, de la misma fuente, de la misma luz, de la misma morada, de la misma casa, de la misma imagen, de la misma semejanza. Jesús nos muestra que su Dios, su Padre, es nuestro también, nuestro Dios, nuestro Padre; que aun nosotros sintiendo que Dios no es de este mundo y que por mucho tiempo lo hemos sentido lejano, como en otro lugar, también es Padre y nuestro, sin dejar a nadie fuera. Una gran familia, un gran cuerpo único, con Dios, con Jesús, y con todos nosotros, sin más soledad, sin más orfandad, sin más lejanía, sin más debilidad, Dios, al mostrarse como nuestro Padre, nos invita a sentir su protección, su presencia, su fuerza, su guía, su cuidado, su amor cercano, anhelado y necesitado por todos nosotros.

Esta nueva relación de hijos de Dios es precisamente la base firme para todos los aspectos de nuestra vida tanto en el plano material como en el espiritual y sobrenatural, que se nos abre como vida nueva frente a nuestros ojos.

Al sabernos incluidos en la familiaridad y cercanía de Dios, nuestro interior, nuestros pensamientos, sentimientos, emociones, acciones, planes, decisiones, hábitos, costumbres, proyectos, prioridades y sueños, se reorganizan, se aclaran, se vivifican, toman nueva vida y nuevo color. Al colocarnos al lado de Dios, en su entorno y con su guía y apoyo como Padre nuestro, se despierta una nueva confianza que nos permite, como hombres, dejarnos guiar por otra senda, hacia otro lugar, con otro propósito, con otra meta, hacia donde Él quiere y conoce que debemos ir; bajamos nuestras fuerzas de hombres solos y nos colocamos con sus fuerzas como hombres-hijos, hombres acompañados, amados, y guiados por Él, que nos ha incluido en su casa como sus hijos.

CAPÍTULO 3

"Que estás en el cielo"

Si buscamos la definición de "**cielo**" puede que encontremos varias y dependerá del lugar donde queramos utilizarla. Una forma de entender la palabra "**cielo**" es como aquella parte del planeta que está ubicado por encima de nosotros, donde vuelan las aves, la capa de aire que envuelve la tierra y se eleva por encima de nuestras cabezas. Otra forma de utilizar la palabra cielo es aquel espacio donde, a nuestros ojos, se ubican las estrellas, hoy lo conoceríamos como el espacio. Por último, una de las más utilizadas a lo largo de la historia es la que nos presenta el cielo como "**morada de Dios**", como la "**casa de Dios**".

Pero, hay algo en común entre estas tres definiciones de cielo: todas y cada una están fuera de nosotros, por encima de nosotros, como alejadas de nosotros, como si no lo pudiéramos tocar, así como no podemos tocar el aire que nos envuelve aunque podemos sentirlo; así como no podemos tocar las estrellas aunque las podemos ver; y así como no podemos saber dónde está la casa de Dios, aunque podemos intuir que existe.

Jesús, al nombrar la palabra "cielo" y colocar a Dios ahí, quiere revelar su paradero, su localidad, su casa, su morada, el lugar donde "**está**" Dios, y así nos revela varias situaciones.

Jesús nos enseña que al orar debemos de identificar que Dios habita por encima de nosotros, que aunque no podamos tocar el aire, ni el lugar de las estrellas, Él habita por encima, debemos sabernos colocados por debajo de Él, de su casa, indefensos para tocarlo e incapaces para verlo. Pero, a la vez nos enseña que al conocer el lugar donde está Dios, podemos sentir su cercanía, su morada, sus caricias.

Jesús nos da la oportunidad de anhelar estar con Dios en su casa, de apreciar su compañía, de "**querer estar**" allí, de intuir y sentir que hay algo más que, aun sin verlo, puede manifestarse como el aire para las aves y las nubes, como el inmenso espacio para cada una de las estrellas. Así mismo, la morada de Dios, aunque no podemos ubicarla, tocarla y verla también es real, existe y es precisamente ese lugar al que también llamamos "**cielo**".

A través de la creación, Dios nos muestra una pequeña partecita de lo bello e infinito de su casa, de su morada, ese lugar en el que Jesús le dice "**que estás en el cielo**". Es como si al mirar hacia arriba, al aire, al espacio, nuestra vista se agudizara y, a través de esta expansión, recibiéramos un plano, una carta de navegación, un plan de ruta de hacia dónde debemos mirar, hacia dónde debemos dirigir nuestra alma, nuestra intención, nuestro deseo de orar y nuestras palabras. Aun así, sintiendo que Dios está presente en toda la creación, Jesús nos quiere enseñar a orar colocándonos debajo de Dios, debajo de su casa, de su creación, colocándonos como muy pequeños, aun siendo nosotros la parte más maravillosa de toda la creación.

Jesús quiere que nos sintamos pequeños frente al "**cielo**", frente a "**la casa de Dios**", frente a "**la creación de Dios**".

Jesús nos lleva, al nombrar la ubicación de Dios, a encontrar la nuestra, a aterrizar nuestra presencia en este mundo temporal para orar, para hablar con y de Dios; Jesús quiere que lo hagamos conscientemente, desde aquí, como separados de Dios, sabiéndonos por debajo, necesitados de elevar nuestra alma y nuestro corazón, como una criatura más, con la intención de búsqueda, de acercamiento, de una nueva relación.

Jesús, a través de esta oración, nos acerca a la "**casa de Dios**", nos da la palabra para hablar con Dios, para acercarnos y dejarnos acariciar por Él, para que tengamos que abandonar el raciocinio, y que confiemos en nuestro interior, en nuestros sentidos, en nuestra intuición, en aquello que no vemos de nosotros. Precisamente esa parte de nosotros que no podemos ver, es la que puede acercarse, identificarse, reconocer, "recortar distancia" entre nosotros, ubicados en este terreno temporal y físico, y la "**casa de Dios**".

Al cerrar los ojos en oración, podemos reconocer el cielo del que Jesús nos habla, ver la morada de Dios, sentir su presencia, su cercanía, podemos sentir paz, alegría, mansedumbre, intimidad y plenitud que emanan de ese lugar al que nos acercamos al orar.

Al llamar al Padre, reconocemos que todos hemos sido creados y que somos llamados a dirigir nuestro interior a ese "**cielo**" que no entendemos pero que intuimos, que no comprenderemos pero que identificamos. Ahí es donde experimentamos su cercanía en la oración.

En los momentos en que dejamos que Dios se nos muestre, se nos acerque y a la vez cerramos los ojos a la razón, dejamos que el cielo se una con la tierra, que lo divino de Dios se acerque a lo terrenal nuestro; que al mirar al cielo, la razón se haga pequeña e indefensa y podamos sentir a Dios en su morada, en su creación y en todo nuestro alrededor.

Más que una expresión de lejanía, la expresión "**que estás en el cielo**" es más bien la posición ideal para provocar cercanía e intimidad verdadera, pues nos abre los ojos al enseñarnos que somos más pequeños e indefensos de lo que estamos acostumbrados a creernos. Y al momento de querer comunicarnos con Dios, reconocer este lugar, libera nuestra alma y nuestro ser de las ideas erróneas de grandeza que constantemente nos arropan, y en ese momento tenemos una inmensa oportunidad de mirar hacia arriba, ser humildes, y sentirnos pequeños frente al "**que estás en el cielo**".

CAPÍTULO 4

"Santificado sea tu nombre"

Jesús vuelve a dirigirse a Dios en esta oración del Padre nuestro para reconocer que Dios está separado para la santidad y la gracia, para lo puro, para lo infinito, para lo trascendente, para la luz y el amor. Vuelve a sugerir la división actual entre el hombre y Dios, Jesús nos indica claramente la abundancia infinita de gracia que habita en Dios y emana de Él, nos invita a reconocer la condición divina al enseñarnos a mirar esta condición pura.

Dios nos enseña, con esta frase de Jesús, que la separación entre el hombre y Él está precisamente en la inmensidad y plenitud de su gracia, que es lo que buscamos al orar, más gracia, más paz, más amor, más claridad, más intimidad con Dios.

Al reconocerlo pleno de gracia, es como al acercarnos a un inmenso río de agua fresca, inagotable, así mismo necesitamos a Dios para que nos dé su gracia y su amor, que son capaces de saciar todas nuestras necesidades. Con esta frase reconocemos la necesidad que tenemos de Él y al reconocerlo "santificado", Jesús nos vuelve a mostrar las diferencias entre Dios y su criatura, y nos enmarca como criatura necesitada de la gracia y la santidad de Dios.

Esta diferencia que Jesús nos muestra, nos ubica sin lugar a dudas, en el lugar que Dios y el hombre deben ocupar al momento de comenzar a orar.

Primero lo llama "**Padre**", identificando a quien queremos orarle; luego nos lo ubica en su lugar, su casa, muy por encima del nuestro y, por último, lo define como "**santo portador de infinita gracia**" para que podamos conocer con quién es que vamos a orar. Al nombrar a Dios de esta manera, Jesús, a la vez nos recuerda nuestra condición terrenal y de búsqueda de lo divino, de tránsito, de pequeños, de temporales, de finitos, de imperfectos, y nos prepara para tener una actitud adecuada para hablar con Dios.

"**Santificado sea tu nombre**" es el sello con que Jesús nos muestra la verdadera y única identidad de Dios, santificado, portador y fuente de gracia, como río para nuestra sed, fuente, inagotable, generoso, vivo y presente.

En esta frase Jesús pareciera deleitarse, tal vez alegrarse, al descubrir la verdadera naturaleza de Dios a aquel pequeño grupo de hombres, es como si nos dijera:

"No ven que Él es Santo"
"No ven que no necesitan más que a Él"
"Solo con el nombre de Él basta"
"Solo con Él basta"

En estas pocas palabras nos muestra la inmensa identidad de Dios, la gracia y el amor. Aquí se engloba y se encierra la manera en que Jesús nos enseña a orar mirando hacia Dios, Padre nuestro, lleno de amor y de gracia infinita.

Al invitarnos a santificar a Dios, Jesús vuelve a mostrarnos el camino que nos acerca a Dios. El amor y la gracia son, en pocas palabras, el reconocimiento de la real identidad de Dios, amor y gracia. Es decir, "amor gratis" como agua gratis del río inagotable para saciar "**la sed interior, las necesidades, que como seres humanos en tránsito hacia lo divino debemos de mirar, reconocer y anhelar**".

CAPÍTULO 5

"Venga a nosotras tu reino"

En este momento el hombre reconoce estar separado pero al mismo tiempo necesitado del reino de Dios, de su reino. En esta oración del Padre nuestro, por primera vez se le hace una solicitud a Dios, una invitación, un llamado, lo reconocemos en un lugar superior a nosotros y le pedimos que nos deje ser parte de su reino, subyugando nuestra existencia al Rey del reino.

Con esta solicitud nos atrevemos a dar el primer paso hacia una total dependencia de Dios. Tal como ocurre cuando un novio le dice a su novia: **"cásate conmigo"** que pasan a ser uno, a depender el uno del otro, aquí pasa lo mismo con Dios, le decimos: **"déjame ser tuyo"**, **"déjame vivir en tu reino"**, **"decide por mí"**, **"acompáñame en mi camino"**, **"toma control de mi día"**.

Al invitar a que venga a nosotros su reino, estamos diciéndole a Dios, enséñame a depender de ti, a recibir de ti, a sentirme protegido, a ser guiado.

Es la primera ocasión en que Jesús nos muestra la forma en que debemos relacionarnos con Él, hacernos familia, habitar junto a Él, abrazarlo como a un amigo, y ver la luz de su reino para sentir la profunda presencia de Dios en nuestras vidas. Que antes que nuestros planes, veamos los planes que Él pone en nuestro corazón como verdadero propósito de nuestras vidas desde antes de nacer; que seamos parte dirigida por el amor y la sabiduría de Dios, que sea nuestro Rey, nuestro Amo, Señor y Amigo nuestro.

Es una invitación a estar cerca de Él y así sentirnos protegidos, iluminados, sin miedo, sin angustias, sin nostalgia, con un verdadero sentimiento de pertenencia y dependencia. Es con esta frase con la que nos atrevemos, quizás por primera vez en nuestras vidas, a darle entrada al inmenso, al Santo y Divino Creador para que sea un amigo cercano, nuestro mejor amigo.

Cuando nos dejamos guiar y cuidar por Dios, es como cuando le pedimos consejos a nuestro mejor amigo porque le tenemos confianza. Imaginemos que ese amigo nuestro tiene las cualidades que tiene Dios, seguramente confiaríamos a ciegas en Él entregándole la vida. Pues aquí, en esta frase, le estamos diciendo a Dios que le tenemos confianza, que le entregamos el control, como a un amigo ya que sus fuerzas, sus consejos, sus planes son buenos y le hacen bien a mi vida.

Es dentro del Padre nuestro la primera demostración de confianza, la intención de dejarnos llevar, de bajar nuestro ego, nuestras fuerzas, nuestro reino y darle paso a Él, a su reinado, a su fuerza, a su amor.

Con estas palabras es como pararse delante del sol y decirle: "**que me ilumine tu luz**" o meternos en un río y pedirle: "**que me mojen tus aguas**". Claro que pasará, claro que el sol te iluminará, claro que Dios reinará en tu vida, si luego de mostrar esa actitud, nos abrimos al nuevo Rey, al amigo, al guía, al líder, a la luz, al manantial inagotable de amor, sanación, paz, claridad, luz, fe, entendimiento, valor, pureza, gracia, santidad que emana de Dios.

Al iluminarnos como sol y bañarnos como río, cuando nos atrevemos a invitarlo a reinar, iluminar, lavar, mojar nuestras vidas y todo nuestro ser con su presencia, confiamos en que Él nos escuchará y lo realizará.

"**Venga a nosotros tu reino**", es el primer paso convertido en **punto de no retorno**, de primer encuentro con Dios. Y nosotros al orar, si quisiéramos, la oración del Padre nuestro, la pudiéramos terminar con esta frase. ¡Qué más necesitamos decirle a Dios! Luego de llamarlo Rey de nuestras vidas, si permitimos que Dios sea el verdadero y único Rey, nada más nos falta.

Así como si nos paramos frente al sol y estamos totalmente iluminados por su luz, y nos adentramos en un caudaloso río, y estamos completamente mojados por sus aguas, así mismo nos dejamos reinar por Dios, ningún aspecto de nuestra vida anduviera sin estar organizado y en lineamiento con los planes y prioridades del Rey de este reinado. Jesús nos invita a que invitemos y nos acerquemos a Dios que es Rey. ¡Que venga a nosotros su Reino!

Qué manera más completa de comenzar a acercarnos a Dios pidiéndole, ven y sé tú mi Rey, ven y déjame ser tu súbdito, ven e ilumíname y mójame por completo. Señor mi Rey, cual sol o río frente y alrededor de mí, siendo yo parte de tu reino y completamente inmerso en ti y en tu reino.

Luego de llamarle Padre, Padre de todos nosotros, reconociendo la aparente separación al colocarlo en "**el cielo**, ahora Jesús nos enseña a decirle "**ven Señor**"; "**ven rey de mi vida**", "**que sea tu reino y no el mío**", "**tus planes y no los míos**", "**tu fiesta y no la mía**". Jesús nos convence de manera sutil a pertenecer de manera completa y absoluta a Dios como la luna, iluminada solo por la luz del sol, sin más, completos por su luz y su amor, dependientes cual súbditos de un solo rey. Y a la vez, nosotros, dependientes de un Rey que podemos llamar Padre, Padre mío, Padre tuyo, Padre nuestro, Padre íntimo, cercano, amoroso, guía, líder, protector, fuerte, creador, comprensivo y justo.

Esta es la combinación que Jesús nos muestra en su oración: Dios Rey y Dios Padre, Dios dueño y Señor de su reino y a la vez Padre, compañero de sus hijos; Jesús nos induce a tener confianza en un Rey que antes de llamarlo Rey lo llamó Padre, compañero de nosotros como hijos del Rey y a la vez súbditos, por elección, de su reinado.

Si repasamos lo que hemos dicho ya en el Padre nuestro veremos que primero heredamos la condición de hijos y luego optamos por reconocer su reinado en nuestras vidas. Ya estamos lo suficientemente identificados con nuestro Padre y ahora le podemos decir: ¡Ya ordena, guía, manda, organiza, prioriza, controla, ilumina, llévanos por donde, como Padre y como Rey, tú consideres que nosotros debemos ir! Dejémonos reinar por un Padre y un Rey, como lo hizo Jesús al querernos mostrar con estas palabras **"Venga a nosotros tu reino"**.

CAPÍTULO 6

"*Hágase tu voluntad*"

Aquí, con estas palabras, soltamos el control de nuestra vida y se la colocamos, se la entregamos a Dios. Si nos fijamos con detenimiento, Jesús no dice: "**Haré tu voluntad**". Jesús nos enseña que no es con nuestras fuerzas, intenciones y capacidades; simplemente dice "**hágase**", manifiéstate, haz que ocurra, que suceda —aquí entregamos tal vez la última reserva que tenemos frente a Dios como seres humanos.

Muchas veces hemos sentido que al invitar a Dios a hacer "**su voluntad**" en nuestras vidas, es como si Él nos fuera a quitar cosas, planes, sueños, aspiraciones y proyectos que nos gustan. Y también al soltar y confiar todo esto en las manos de Dios y poder confiarnos a Él diciendo: "**hágase**"; "hazlo tú", "te dejo hacer lo que quieras conmigo".

Allí toca fondo nuestro ser y somos capaces de ver más allá. Es a través de la oración que este paso deja que se realice. Soltarnos, abandonarnos, abrirnos al flujo de Dios a través de nuestra voluntad para dejar de remar en nuestra barca, abrir las velas de ella y confiar en el destino que Dios indique para nuestra vida.

Ahora comienza la verdadera comunicación con Dios, la oración deja de ser un dialogo y pasa a ser acción; es en ese momento en que logramos confiar en Dios y decirle que Él haga planes para nuestro camino. Estamos creando las condiciones para dejar que pasen en nuestro interior y a nuestro alrededor, grandes cambios y transformaciones como hemos podido apreciar a lo largo de la historia.

Veamos al mismo Jesús pedirle a Dios: **"Si puedes retira de mí este cáliz, este vino, que se haga tu voluntad y no la mía"**. Con esta actitud y decisión Jesús se abandona a lo que va a suceder, a lo que está por venir, a su verdadero propósito en su paso por esta tierra: ¡Ser crucificado por nosotros para poder vencer a la muerte y resucitar!

Así mismo, al abrirnos a que pase, a que se haga su voluntad y no la nuestra, nuestros ojos verán otras prioridades y nuestra vida puede, por fin, enrumbarse por el camino de Él, el camino que Él tiene como verdadero propósito para nuestra vida en este tiempo que nos ha tocado vivir.

¿Cuántas veces no queremos hacer las cosas a nuestra manera y al final salen mal?

"Hágase tu voluntad" también significa que abandonaremos nuestra voluntad, debemos comenzar a dejarnos guiar por su voluntad. Es en este momento en que es muy común que aparezcan algunas resistencias normales. Nuestro ego y creencias personales tratarán de resistir y nuestro raciocinio tratará de entender qué es lo que estamos dispuestos a hacer en ese momento.

Soltarle el control a Dios es de las cosas más difíciles que en algún momento tenemos que hacer, quizás nos da miedo por lo que eso pueda suponer, lo que tendremos que soltar para seguir ese camino, pero en este punto nos damos cuenta de que de la manera que hasta ahora lo hemos hecho, a nuestra manera, no ha funcionado y debemos darle paso a Dios para que haga en nuestras vidas su voluntad y nos lleve a ese lugar de paz y tranquilidad que solo su presencia y su cercanía pueden darnos.

Nuestro entorno también nos hará resistencia ya que poco a poco pondremos en contacto a Dios y su voluntad con las personas y circunstancias que nos rodean, y nada ni nadie escapa del contacto de Dios en sus vidas. A través de nuestra palabra y acciones guiadas por Dios, y no por nosotros necesariamente, pasarán cosas nuevas a nuestro alrededor, como Pedro al momento de comenzar a caminar sobre las aguas a invitación de Jesús, una vez que venció el primer miedo, logró caminar sobre las aguas.

Así también nosotros, podremos hacer cosas nuevas venciendo nuestros miedos, perdonando a personas que nos han hecho daño y que nunca habíamos pensado perdonar.

Nuestras prioridades y gustos variarán, seremos capaces de volver a nuestras familias, a ayudar a los que tienen menos que nosotros, a dar una palabra de aliento al que la necesita. Nuestra conciencia se elevará, tendremos el valor de no aceptar y combatir el robo y la corrupción en nuestros ambientes, comenzaremos a ser instrumentos de Dios, allí donde sea necesario llevar paz, amor, perdón, comprensión, aire fresco, esperanza.

"**Hágase tu voluntad**" trata precisamente de eso, es nuestro primer paso fuera de nuestra barca y de manera decidida, aun sintiendo miedo, vergüenza, falta de capacidad y dudas, de tomarnos de la mano con Dios, y atrevernos a caminar sobre todo aquello que nos ha tenido atrapados, negados, confundidos, divididos, amargados, tristes y cansados. A partir de aquí, ya no es más con nuestras fuerzas, sino con la fuerza que emana de la mano de Dios.

Los muros caerán, las familias se unirán, las enfermedades desaparecerán, las depresiones se esfumarán, las adicciones serán superadas, las cárceles se abrirán; la apatía será borrada de nuestro interior al tomar la decisión y dejar que Dios obre en nosotros.

Nuevos mares navegaremos, y nuevas sendas caminaremos, nuevos gustos disfrutaremos y nuevas amistades haremos; nuevas empresas y planes llegarán a nuestras vidas, nueva paz llenará nuestro corazón y nuestra casa. Nuevo valor acompañará nuestros pasos y nuestra voz, nuevas esperanzas florecerán allí donde pensábamos que habíamos llegado al final del camino, donde ya no sabíamos qué hacer con aquel problema, con aquella deuda, con un divorcio, frente a una enfermedad, confusión o desesperación.

Es allí donde Dios toma el control y le decimos, aún con temor: **"Confió en ti y me atrevo a soltar los remos de mi barca y ensanchar las velas de mi fe, y permitirte desde lo más profundo de mi interior, un 'hágase en mí, tu voluntad y no la mía'"**...

CAPÍTULO 7

"En la tierra como en el cielo"

En este punto ya hemos logrado establecer una amistad con Dios, y una vez que alcanzamos esa gracia, queremos compartirla con todo el mundo, queremos que cada ser humano descubra también ese tesoro que nos da la relación con Dios: gozo, paz, alegría, orden, tranquilidad, felicidad y luz. La armonía y color que toma nuestra vida, se abre a toda la creación **"en la tierra como en el cielo"**; la tierra se parecerá más al cielo una vez dejemos entrar a Dios en nuestras vidas. Nuestra manera de tratar a las personas, a la naturaleza y a nosotros mismos cambia radicalmente y se reorganiza de acuerdo a la visión de Dios.

La creación está constantemente afectada y amenazada por nuestras acciones, y con estas palabras **"en la tierra como en el cielo"** estamos reconociendo a Dios como padre de toda la creación. La tierra y el cielo toman ahora el color que Dios quiere que tenga y cada criatura vuelve a la armonía con su entorno, verdaderamente el "Padre-

Rey" instala su reino en toda la creación, en el cielo y en la tierra. Es como si invitásemos a Dios a pasar, a quedarse con nosotros en cada lugar, en el que podemos ver, escuchar y sentir; y hasta en los lugares que no vemos, que están ocultos para nosotros. Allí también, mediante estas palabras, invitamos a Dios a habitar, a entrar, a reinar en todo lugar por cercano o lejano que se encuentre, Dios se encuentra en él.

Y a partir de esta oración, podemos comenzar a ver su presencia, allí donde aun nosotros no podemos entender que Dios habita y está cerca, por nuestro limitado entendimiento. A través de estas palabras reconocemos que nada, absolutamente nada, escapa a su presencia.

Ahora te pregunto: ¿Quieres formar parte de esta dinámica de la creación y relacionarte de otra manera más intensa con Dios donde lo conviertes en tu amigo y Rey, o por el contrario, quieres seguir resistiéndote a su existencia, a su presencia, a su voluntad, a su propósito para contigo, y a la acción real y contundente de su amor frente a todo lo creado?

"En la tierra como en el cielo" es la forma en que Jesús nos relaciona con Dios y su creación, su total propiedad de la misma, es como si nos dijera: una vez tienes contacto con Dios te invito a que vuelvas a mirar, mirar con nuevos ojos la presencia abrumadora, absoluta, inmensa de Dios en todo lo que ha creado, en donde se confunde el Creador con la creación. Con estas palabras, entramos en armonía con Dios a través de nuestro entorno, de su fabulosa presencia en él, de todo lo que nos rodea como criaturas, nos invita a ser parte de todo este bello universo que Él ha creado para nuestro deleite y nuestra vida.

CAPÍTULO 8

"Danos"

Con esta palabra "**danos**" hemos llegado a la mitad de la oración del Padre nuestro, en donde Jesús ha querido comenzarla con esta palabra que define la nueva relación que Él quiere que tengamos con Dios, que primero comienza con una relación de dependencia, que sepamos que necesitamos de Dios para todo, para cada detalle, cada paso, cada decisión, cada palabra, cada suspiro, cada carcajada, cada alegría, cada día y cada noche, cada lágrima y cada pensamiento. Que dependamos de Él, de lo inmenso y profundo de su presencia y de su voluntad amorosa para con nosotros.

"**Danos**", es precisamente lo que hemos perdido de vista al acostumbrarnos al mundo cotidiano, a vivir a espaldas de Dios cuando desde un principio Jesús nos dijo: "**pidan y se les dará**". Aquí está la inmensa ganancia del hombre cuando se abre a la posibilidad de "**depender**" de Dios.

Hagamos un ejercicio, detengámonos un momento al leer este capítulo y tratemos de tomar un rato para enumerar todo lo que hasta este momento ha llegado a nuestras vidas, comenzando por la misma vida. El Dios del cielo, creador del universo, se detuvo para crearnos a nosotros, para darnos vida aunque no logremos entender cómo todavía, pero la realidad es que aquí estamos, que existimos y no tuvimos nada que ver con ese proceso.

Jesús nos enseña a pedirle al dueño de todo lo que existe en el universo, a Dios, fuente inagotable de todo lo que nos rodea, a decirle: "**Dame...**, **danos...**" lo que queremos, lo que necesitamos, lo que soñamos para nuestra vida. Este es un buen momento para poner en orden tus ideas y necesidades y orando le pidas a Dios que te dé eso que tanto necesitas y sueñas.

El mismo Jesús comienza esta parte de la oración, al reconocerse dependiente de Él, con confianza de que Dios nos puede dar todo lo que pidamos, que Dios, creador de todo lo que nos rodea, es capaz de llenar, de proveer, de animar, de estar para nosotros, de consolar, de perdonar, de darnos esperanzas, bienes materiales, felicidad, familia, amigos, alegría, hogar, salud, amor y paz. De llenarnos plenamente. Si Dios puede organizar el funcionamiento de todas las estrellas y planetas del universo, que no podrá hacer frente a una solicitud, a un pedido nuestro con la actitud humilde de dependencia y confianza en Él.

Si ya hemos tomado la decisión de depender de Él, es momento de pedirle que nos cumpla nuestros anhelos, nuestros deseos, nuestras necesidades. Pidámosle con fe, con confianza de que nos proveerá, con amor y humildad. Él siempre está ahí, nos escucha, nos acompaña. Con esta palabra "**danos**" en la oración del Padre Nuestro accedemos a la fuente inagotable de todo lo que existe para que nos provea lo que entendemos que necesitamos y, a la vez, alineamos nuestras vidas con lo que Dios nos va facilitando y proveyendo cada día.

Capítulo 9

"Hoy"

Somos dependientes, le pedimos nuestros deseos y anhelos, y a partir de ahí Jesús nos muestra esta palabra "hoy".

"Hoy" es preciso, único y absoluto, es el tiempo de nosotros frente a Dios. Si bien es cierto que para Dios no existe el tiempo, no es menos cierto que para nosotros solo existe el **hoy**, el ahora, el instante en el cual estás leyendo estas palabras; el único momento que tenemos para estar frente a Dios, ese es el **hoy**, el presente, el ahora. Si le preguntamos a cada ser humano si puede controlar el futuro de su vida, la respuesta será no, no importa lo grande que seamos, lo influyentes que nos sintamos, nuestra respuesta será siempre la misma. No podemos vivir un solo día por nuestra cuenta, ni el ateo más radical puede vivir un segundo más por decisión propia; ni el santo más iluminado, tampoco.

De la misma manera se comporta nuestro pasado, aunque en gran parte estamos hoy de acuerdo con lo que hemos vivido, eso ya pasó, no podemos cambiar nada ni volver atrás ni un solo segundo. Jesús nos dice puntualmente "**hoy**", "**danos hoy**". Es solo lo que nos toca, lo que tenemos delante, la vida es hoy así que "**danos hoy**", no mañana ni ayer, hoy, "ahora" es la invitación de esta palabra.

La relación que queremos con Dios debe de ser ahora, "**hoy**", pues es donde podemos ver y sentir a Dios desde nuestra realidad. Con Dios podemos solo relacionarnos desde el momento presente, desde la vida que estamos viviendo, aquí y ahora. Desde esta pequeña palabra, "**hoy**", Jesús nos facilita, nos simplifica y nos enseña que si necesitamos y queremos algo de parte de Dios es hoy, es ahora que debemos estar dispuestos a ver su presencia, su abundancia, su amor, su providencia. Es como si Jesús estuviera impaciente en desarrollar nuestra fe, la confianza de saber que Dios puede proveernos ahora lo que necesitamos, y a la vez nos descarga de toda la confusión, nostalgia, cansancio, ansiedad y miedo que nos produce la idea de vivir atrapados en un pasado que no existe y en un futuro que no podemos saber si viviremos.

Jesús se queda solo con la parte del tiempo que para nosotros es posible y real, y nos dice "**hoy**" es que debo pedir, "**hoy**" es que debo relacionarme con Dios, "**hoy**" es que debo depender de Él, "**hoy**" es que debo abrir mi corazón, "**hoy**" es que debo confiar en Él, dueño y creador del universo. Lo que vayamos a decidir, desde nuestra condición, decidámoslo "**hoy**", demuestra ya la íntima relación que puedes tener con Dios ahora, "**hoy**".

Es como cuando un niño tiene la seguridad que al pedir algo: un dulce o un juguete a su papá o mamá, estos pueden dárselo de inmediato. Esta es la calidad de fe y de dependencia que la palabra "**hoy**" nos enseña y nos invita.

CAPÍTULO 10

"Nuestro pan"

Al pedir **pan**, pedimos vida, sustento, fuerza, alimento, combustible para nuestro cuerpo y alma; pedimos a Dios lo que hasta este momento hemos entendido que debemos buscar y producir nosotros por nuestros medios. Le pedimos comida a Dios. Jesús nos muestra que hasta nuestra necesidad más básica como es la de alimentarnos, debe de entrar también en la nueva relación de dependencia de Dios. Al pedir el **pan nuestro**, le estamos diciendo a Dios dame el pan que me alimenta de acuerdo a Ti, a tu plan para con nosotros; "aliméntame como una madre alimenta a su bebé desde su nacimiento". Ella sabe lo que su hijo necesita.

En esta petición le mostramos a Dios que ponemos en Él toda nuestra confianza, al pedir **su pan**, su alimento, su cuidado, su plan para con nuestro bienestar. Al momento de pedir el **"alimento de Dios"**, **"El pan de Dios"**, estamos cambiando nuestra visión de autosuficientes y nos colocamos como hijos nuevos, como pajarillo en su nido; en ese lugar que Dios nos encuentra y nos alimenta, nos sostiene y nos nutre. Aquí Jesús nos muestra que tanto física como espiritualmente debemos de depender de Él, debemos depender de Dios, de su cuidado y ser alimentados por Él. En el "**pan**" le pedimos a Dios su ayuda y presencia para lo que habita en nuestro cuerpo, en nuestra mente, en nuestra vida y nuestra alma. El alimento contribuye poco a poco a nuestra salud, nuestro bienestar, a lo que somos por dentro, de manera íntima, oculta. Desde adentro el alimento de Dios nos transforma y nos fortalece para afrontar la vida y para el propósito de Él para con nosotros.

La petición de "**nuestro pan**" nos coloca justo detrás o debajo de Él para continuar viviendo, existiendo física y espiritualmente. Al abrir las manos para recibir su pan, elevamos nuestra existencia y nuestra condición humana a la posibilidad de lo sobrenatural, lo invisible, lo espiritual.

De alguna manera ponemos en contacto las dos realidades que forman parte nuestra: lo material del "**pan**" al momento de ser absorbido por nuestro cuerpo que se transforma en vida, aliento, alma, fuerza, energía. Al colocar el pan en nuestra boca empezamos a hacer una profunda y detallada semejanza con nuestras vidas.

Debemos transformar nuestro cuerpo físico en vehículo de nuestra parte espiritual e invisible; así como el pan se convierte en vida, así mismo al pedirle "**pan**", "**nuestro pan**", "**su pan**", estamos asegurando que el tránsito desde lo material a lo divino de lo que estamos trayendo a nuestra boca, a nuestra casa, a nuestro cuerpo, a nuestro entorno es, precisamente, lo que nos sintoniza con Dios, con sus planes, con su esencia, con su intención; con aquellas cosas que nos invitarán a una cercanía con lo "**espiritual**", con "**lo eterno**", con "**lo bueno**", con "**lo puro**".

Con la relación que Él nos propone al ponerse en

contacto con nosotros, al darnos lo que llega a nuestras vidas ya sean cosas materiales o no, así como llevarnos el pan a nuestras bocas por la necesidad de nutrirnos, así Dios nos llenará y saciará con lo que Él sabe que nos nutre, nos llena, nos alimenta para mantenernos vivos, sanos, puros, alegres, sintonizados con su presencia, y convencidos y unidos con su creación.

En esta segunda parte de la oración del Padre nuestro Jesús nos muestra el camino para mantenernos vivos física y espiritualmente, poniendo en manos de Dios nuestro íntegro sustento. Nos iguala a los mendigos, a los pájaros y demás animales de la creación que solo pueden obtener su sustento de la providencia de Dios, de la intención de Dios, de su abundancia y su bondad.

"**Dame hoy de tu pan**" dame lo que te pertenece a ti, lo que viene de ti, lo que me alimenta de ti, dame de ti, de tus manos a las mías, **de tus manos llenas de sustento a las mías abiertas y necesitadas de tu favor**, de tu amor, de tu apoyo, de tu consuelo, de tu compasión, de tu fuerza, de tu comprensión, de tu amistad, de tu guía, de tu compañía, de tu conocimiento, de tu valor, de tu paz, de tu presencia, de tu sabiduría, de tu perdón, de tu esperanza, de tu intensidad, de tu pasión, de tu pureza, de tu creatividad y de tu luz. En fin… en este momento le pedimos a Dios que nos alimente con lo que Él decida para con nosotros, que llene nuestras vidas de Él.

Al abrir nuestras manos al cielo, buscamos ponernos en contacto con Él, que la tierra toque el cielo en cada alimento que provenga de Él, en cada pedazo de pan, en cada poco de vino. Que nos alimentemos, entendiendo que todo lo que llega a nuestras vidas lleva en sí mismo una carga espiritual diseñada por sus manos para nosotros; que se una lo eterno con lo material al Padre, ver que ese pan, esos artículos materiales, situaciones, proyectos, vienen de parte de Él y de su bondad.

Al aceptar el alimento, el pan de Dios, estamos elevando nuestra condición limitada de seres humanos a la posibilidad de alimentarnos con lo divino, lo eterno, lo puro y espiritual. Al confiar alimentarnos con lo que proviene de Dios, estamos acercando nuestras vidas a su presencia.

Muchas veces en nuestras vidas nos ha pasado por la mente, por qué me ha pasado esto, por qué a mí, y no comprendemos por qué razón nos toca tal o cual situación. Todo lo que nos sucede en nuestras vidas forma parte de este "pan", de este alimento que Dios tiene para nosotros. Lo que estamos aceptando con estas palabras "**danos hoy nuestro pan**" es la actitud con la que miramos nosotros a Dios en nuestra vida y pedimos, recibimos y aprovechamos este pan, las situaciones y abundancias que llegan a nuestras vidas.

En el momento en que reconocemos que todo lo que podemos tener proviene de Dios, allí el pan se convierte en vehículo de vida, de sustento. A partir de allí podemos apreciar todo lo que tenemos y vivimos como vehículos de la gracia y la amistad de Dios, de este nuevo lenguaje que se abre ante nosotros al poner el alma por debajo de su presencia y solicitar, pedir, necesitar el "**pan de Dios**"; y así, aceptándolo como nuestro, al convertir su alimento en nuestra vida.

Su providencia se convierte en nuestra ventaja.
Su amistad en nuestra alegría y soporte.
Su abundancia en nuestro bienestar.
Su amor en nuestro sustento.
Su presencia en nuestra razón de vivir.

Al pedir pan pedimos vida, al pedir pan pedimos cuidado, al pedir pan le decimos a Dios que nos alegre la vida
que nos ha dado; y a la vez, apreciamos su cuidado, su
protección y su amor. El "pan" puede ser el centro de esta
oración y el punto de encuentro entre Dios y el hombre.
Forma la petición cumplida, la promesa completa, el
llamado contestado, la lluvia recibida. El pan se convierte,
en esta oración, en la parte visible y palpable del amor de
Dios para con nosotros, y a la vez la motivación de la radical
dependencia que debemos de tener desde lo más profundo
de nosotros al momento de orar y hablar con Dios.

CAPÍTULO 11

"De cada día"

La presencia de Dios nunca nos abandona; más bien nos sorprende de mil maneras. Dios está queriéndonos alimentar cada día, Él a nosotros. Depende todo de su intención para cada uno de nosotros. **"Cada día"**, Dios es Dios y quiere alimentarnos siendo Dios, quiere estar cerca de ti y de mí; Dios quiere fluir a través de nosotros. **"Cada día"** Él sacia esa necesidad de alimentarnos. Dios acompaña nuestras carencias, allí donde faltan fuerzas Él muestra su grandeza; allí donde nace nuestra contradicción, habita su gracia y su pureza; allí donde nace el hambre cada día, allí es donde Él insiste en no quitarse, en no abandonar la amistad con nosotros.

"Cada día" nace un sol nuevo, un sol nuestro, un Dios amado y amante; en cada pedazo de pan, en cada sustento, en cada minuto de vida, en cada latido, allí es donde Dios se convierte en Dios, el Divino; en dueño, en Padre, en Señor, en amigo bueno. **"Cada día"** nos alimenta, nos defiende, nos sostiene, nos llena de vida. El pan solo es un símbolo de amor entre Él y nosotros. Dios nos ama y, como Señor, se reduce en pan y alimento nuestro.

"**Cada día**" es cada día, pero como si lo conociéramos de nuevo, como si lo conociéramos desde siempre en nuestras vidas. Dios es como el aire para nuestros pulmones, como la sangre para nuestras venas.

Así Dios habita en nosotros, "**cada día**" Él está, Él insiste, Él persevera, Él se queda con nosotros. Esta cercanía nos conduce a poder mirarlo, apreciarlo, quererlo y conocerlo; a un Dios que siendo Dios, se convierte en pan y vino como vehículo para estar con cada uno, "**cada día**". Dios, siendo Dios, se ocupa de ti y de mí, cada nuevo día, en cada nueva oportunidad de amar y para volver a comenzar.

Por encima de nuestras faltas y errores, de nuestras carencias y necesidades, Dios nos cuida todos los días, Dios nos ama "**cada día**", Dios nos alimenta día a día, no un solo día ni dos, Dios siempre está, Dios vive, Dios se da. Es la manera en la que el Dios del cielo y la tierra se vuelve familia, amigo, alimento, fuerza, confianza y guía del hombre.

Dios ha querido mostrarnos que debemos de cultivar su amistad y dependencia con Él "**cada día**". Él ha querido quedarse al lado del hombre. De no ser así, solo fuera con concepto, una historia, un recuerdo, una especie de fábula o leyenda. Al Jesús mostrarnos que Él ha querido quedarse "**cada día**" con nosotros nos muestra que Dios va más allá que de un simple concepto o idea. Dios es más real que tú y que yo; y sobretodo más real y autentico que el pan que necesitamos "**cada día**" para poder continuar con nuestra vida.

CAPÍTULO 12

"Perdona nuestras ofensas, como también nosotras perdonamos a las que nos ofenden"

Si Dios decidiera no perdonar al hombre, el cielo estuviera completamente vacío. A partir de este momento, no tenemos, como hombres, la capacidad de ofender directamente a Dios. Sí podemos producir lejanía, dolor, decepción y muerte con lo que nosotros llamamos ofensa, pecado. En esta frase Dios nos motiva a perdonar, a acercarnos.

Si sentimos vergüenza o dolor al pedir que **nos perdone**, esa es la base del próximo paso para perdonar. En nuestra carencia y pequeñez, Dios se detiene, y es ahí en la oración del Padre nuestro cuando nos dice, **perdona a tus semejantes** y consigue perdón; acércate a ellos y yo me acerco a ti o, más bien, conseguirás acercarte a Dios.

Para que el hombre perdone, necesita estar en completa conexión con Dios, experimentar un crecimiento espiritual que solo Dios puede hacerle sentir con su gracia y su bondad.

La fórmula es que si estamos en paz con el hombre, podemos acercarnos a Dios, ese es el verdadero significado y base de la relación con Dios. Sin perdonar, nuestro corazón está atrapado y no logrará ver a Dios, sabiendo que con un corazón atrapado no podremos ver su gracia.

Nos enseña a través de esta parte de la oración, el camino que debemos tomar: armonía con Dios y armonía con los hombres, no hay una sin la otra. Si queremos estar en sintonía solo con Dios sin conectar con los hombres lo que llamamos fe se convierte en hipocresía, en lejanía, en ridiculez, en "letra muerta". Así vemos hombres a lo largo de la historia que se llaman así mismos grandes creyentes y no son capaces de ver a Dios en el hombre que está a su lado. Sin embargo, hombres capaces de hacer inmensas obras en nombre de Dios sin ser capaces de ver su necesidad interna de perdón, de Su misericordia; se atreven a sentirse escogidos, llamados, y andar por el camino en soledad, sobrecogidos pero desconectados de la realidad de cada día.

Por otro lado podemos ser grandes hombres ausentes de Dios, de fe, de integridad, hombres capaces de matar cientos y miles de seres humanos queriendo construir sociedades a espaldas de Dios; peor aún, con la ausencia de Dios.

Dios sabe que aun dándole la espalda reconoceremos su presencia aunque estemos lejos. Ideologías enteras se han ocupado de levantar sociedades sin Dios, hombres sin Dios. En ambos extremos la vida del hombre no funciona, pierde sentido. El hombre por el hombre no es la razón y propósito aquí, tampoco lo es tener una relación excluyente con Dios.

Si le damos la espalda al hombre, le damos la espalda a Dios; y si vivimos de espalda a la creación de Dios, a la naturaleza, al entorno que Dios creó para que habitemos, somos como una guitarra sin cuerdas; somos, en fin, un real instrumento de Dios pero incapaces de producir melodía alguna.

Cuando le digo a Dios: **"perdona mi ofensa"**, estoy abriendo mi corazón y mi interior a Dios; la ofensa, el pecado, la culpa o cómo lo sentimos en nuestro interior, como algo sucio, algo que no pertenece a Dios. Pero, si miramos con cuidado, tampoco pertenece a nosotros, no nacemos con esto como parte nuestra. El pecado, no es algo intrínseco del ser humano. Sin embargo, logramos presentir y sentir que este sentimiento no va acorde con nuestra realidad, que algo nos agobia, nos carga; que hemos ensuciado el interior de esa criatura que somos, de esa criatura que es capaz de relacionarse con Dios y con su creación y con los hombres.

En estas frases, Dios también nos plantea un *"negocio"* un *"acuerdo"*, un *"trato"*. Perdóname como yo perdono, haz conmigo como hago con los demás. Jesús tenía una inmensa ventaja, aun siendo hombre, y era su conocimiento de Dios, de su Padre. Esto lo impulsaba a su profunda fe. El conocimiento y la fe se diferencian en que la fe es la base de la acción esperanzadora, transformadora, creadora de lo que se espera. El conocimiento por sí solo no produce cambio alguno en la vida del hombre.

"Perdóname como yo lo hago". Jesús pone al hombre en el centro del pacto, depende de la acción producida desde la fe, parado en la fe, luego de darnos conocimiento.

Sin conocimiento no hay pecado. Las personas que han decidido acercarse a Dios, han sentido que la necesidad interior es cada vez más grande; al acercarse a la luz se ven más las manchas, las moléculas del pecado, aquello que está adherido, pegado en nosotros.

El conocimiento trae consigo responsabilidad y compromiso, por eso Jesús coloca estas palabras como la capacidad que tenemos de decidir libremente, de actuar frente a una ofensa o maltrato hacia nosotros. Jesús, habiendo usado todo su conocimiento y habiéndose colocado con la fuerza de la fe, es capaz de decidir hacia la cercanía con Dios, con el Creador, con Su Padre; decide no destruir, no odiar, no romper, no evadir, no renunciar.

Jesús nos ensena a decirle a Dios, mira que decido perdonar y así gano tu amistad y cercanía; mira que lo hago libremente y venzo todo dolor, todo pensamiento, toda intriga, toda traición. Hoy Jesús, a su vez, negocia con ese Padre y nos enseña que, aun teniendo todo el poder de ayudarnos, no lo hace; y deja que sea nuestra decisión de decirle mírame soy bueno, soy Tu hijo y creo en Ti. Jesús nos enseña que como Él, nosotros, conociéndole también aceptamos el dolor en vida como precio a conseguir Su gracia y Su amistad.

"Perdóname como yo perdono" es como decirle al sol, alumbra como yo lo hago con una linterna. Lo que importa en ese momento es llegar al fondo del corazón, de que veas que solo depende de ti, hombre libre y perdonado, que al ponerte en contacto con tu conocimiento, puedes convertir tu fe en acción, en perdón, en transformación, en obras. Que tu cansancio descanse a otros, que donde haya odio, ponga tu amor.

Nos da el conocimiento, plantea el pacto y nos dice: eres libre acercarte a mí.

Capítulo 13

"No nos dejes caer en la tentación"

¿**Q**uién nos tienta?

La "**tentación**", como la gracia, viene a ponerse en contacto conmigo y hoy quiero preguntarme si soy tentado y por quién estoy siendo tentado. Al igual que el conocimiento como vehículo de gracia, allí es donde recibo la capacidad de ser tentado. En mi interior, cuando Dios ilumina y da conocimiento; allí frente a nuestro más profundo secreto, íntimo, único, escondido, allí es donde Dios tiene acceso a nuestra alma, allí es donde la tentación también viene de la mano del conocimiento frente a Dios. La tentación tiene sentido, nos tienta nuestra misma condición humana que al ponernos en contacto con el conocimiento de Dios, quiere huir de Él o disimularlo o igualarlo.

La palabra "diablo" proviene del griego *diábolos* que

significa "el que lanza algo a través o entre otros, el que separa o el que divide, el que crea odio, cólera o envidia", también significa "el calumniador", significa propagar falsos testimonios sobre los semejantes.

Jesús nos muestra el camino de la cercanía de Dios a través del perdón, de nuestra actividad de querer el perdón y la cercanía; y ahora nos dice que pidamos que "**no nos dejes caer en la tentación**".

En la actualidad el hombre se encuentra separado de mil maneras de la íntima amistad con Dios. Al darse cuenta de su separación decide que quiere perdonar, que quiere volver a Dios. Es entonces allí, donde se abre su incapacidad de lograrlo. Fuera del hecho de mantenerse en gracia, en amistad y por la amistad, si separamos nuestros ojos de Dios, no somos capaces de ver y caemos en tentación, en separación, en distracción.

La presencia del maligno es tan complicada para la mente humana como la misma presencia de Dios. Es ilógico, desde la razón, mirar a un Dios con barbas como a un ángel caído y renegado, lo que si podemos ver y reconocer es la paz de nuestro interior y el fruto que produce la gracia o el divorcio de ella que el diablo, como dualidad, entre nosotros produce, tan ilógico para la mente humana son todos los dones del espíritu santo, como el dolor y sentimientos productos de la locura que produce la lejanía de Dios y su negación. Dios y el diablo utilizan la total libertad para mostrarse en nosotros para decidir cuál camino quieres frente a la tentación, a la adicción, a la muerte, al asesinato, a la negación, a la evasión, a la apatía, a la oscuridad y a la confusión.

El secreto de las palabras de Jesús hoy como aquel día son las mismas. Qué decides hacer con tu vida, frente al silencio de Dios, frente a la tentación, frente a tu carencia, frente a esta oportunidad? Dios te acompaña frente a la invitación que tu puedes permitir, como Jesús pudo también optar por otro camino y no lo hizo, cual camino quieres? **"no me dejes caer en tentación"** y cuando no me dejes tú, no caigo yo.

Perdóname como yo lo hago, y demuéstrame tu grandeza de acuerdo a mi apertura y mi confianza. **"No me dejes caer"**, también cuenta con mi amistad, relación, y pacto entre Él y nosotros, **"no me dejes caer"** y a la vez de confiar también le digo a Dios quiero estar así como Tú estás, no quiero relacionarme con la mentira, el odio y la separación de ti.

CAPÍTULO 14

"Y líbranos del mal"

Dios, en Jesús, se convierte en **"El hijo del hombre"** y así cruza la barrera y se hace vulnerable, humano, frágil, de carne y hueso. Jesús comparte durante sus días en este mundo la posición que ocupa la humanidad en la creación frente al Padre y siente miedo, frío, cansancio, hambre, calor, dolor, angustia, tristeza, soledad, incertidumbre; y debe de recurrir a los mismos instrumentos que cada día el hombre debe de utilizar.

Jesús debe de buscar en su interior su verdadero propósito al conocer al Padre, a Dios y nadar en contra de la misma naturaleza del hombre. Debe de recurrir a la esperanza, a la fe de lo que no ve, a la firmeza de la acción contando con la promesa de Dios de que la existencia humana no acaba aquí. Y debe resistir a luchar con las tentaciones más bajas y naturales con las que tenemos que luchar los seres humanos. Jesús siente que la tentación no es provocada desde adentro aunque se enfoca en nuestras debilidades, en nuestra confusión, en nuestro cansancio, en la lejanía de Dios; en la ira, en el odio, en la fuerza de la carne.

Y Jesús se identifica con toda la creación al conocer los ataques del mal, que mirando desde afuera busca seducir al hombre y alejarlo del propósito de Dios. Cuando te vas acercando al propósito de Dios, vienen los ataques, las tentaciones se hacen más intensas, te prueban, te jalan, te acorralan. Jesús, habiendo experimentado todo tipo de ataques y tentaciones, nos enseña a pedir la protección y el cuidado de lo Alto, del Padre, de Dios mismo, buscando la lejanía del mal sabiendo que con nuestras fuerzas es imposible.

Luego de haber establecido una relación de familiaridad con Dios, su Padre, Él sabe que recibiremos ataques, presiones, seducciones, tentaciones para distraernos, cansarnos, dividirnos, confundirnos y hacer que le demos la espalda a Dios, al que hemos llamado Padre y que hoy sentimos ya de una manera más cercana.

"**Líbranos del mal**" es un final perfecto para colocar a Dios frente a nosotros como nuestro defensor, como nuestro papá, como nuestro protector, dador de gracia, como cuidador celoso de su criatura; que, por fin ha llegado a reconocerlo como Padre. De alguna manera Jesús nos cuida como hermano mayor con estas palabras; habiendo luchado por nosotros es como si dijera, "**no lo toques**", "**no te acerques**", "**ellos al contar con Dios Padre y conmigo no pueden alejarse**". Jesús nos separa y nos resguarda a su lado de su amistad y cuidado.

Al pronunciar estas palabras, Dios protege y cuida a sus mejores amigos, a aquellos apóstoles cercanos, amigos de mil caminos, a sus escogidos, hoy nosotros, y así mismo nos llama a formar parte de ese grupo de hombres al cuidado del Padre, libres del mal.

Conclusión

Solo tus ojos limpios,
tus manos vacías.
Solo tu cara frente a la mía
puede dar pasos puros.

Yo marco el camino, tuyo y mío.
Yo soy guía, amigo y brisa.
Yo soy luz, alma limpia y pura.
Poder mirar de nuevo
hacia donde vamos de la mano
el hombre y mi creación.

Yo miro por ti.
Yo camino por ti.
Yo y no tú, ¡por fin!

De la presente edición:
Padre mío, padre tuyo, padre nuestro
por Miguel Torrón
producida por la casa editorial CBH Books
(Massachusetts, Estados Unidos),
año 2015
Cualquier comentario sobre esta obra
o solicitud de permisos, puede escribir a:
Departamento de español
Cambridge BrickHouse, Inc.
60 Island Street
Lawrence, MA 01840
U.S.A.

*9 7 8 1 5 9 8 3 5 4 6 1 4 *